CONTES

ET

LÉGENDES EN ACTION

L'ADROITE PRINCESSE

CHARADE EN TROIS PARTIES

PAR

JULES ADENIS

PARIS

A. HENNUYER, IMPRIMEUR-ÉDITEUR

47, RUE LAFFITTE, 47

1888

L'ADROITE PRINCESSE

CHARADE EN TROIS PARTIES

PREMIÈRE PARTIE

LA MÈRE MICHEL

PERSONNAGES

LA MÈRE MICHEL, rentière.
LE PÈRE LUSTUCRU[1], marchand de vin, restaurateur.
THÉODULE LUSTUCRU, son fils.
EUPHROSINE, nièce de la mère Michel.
MOUMOUTH, personnage muet.

La scène se passe à Bondy.

Une salle de restaurant, chez Lustucru. Porte d'entrée au fond, portes latérales, deux ou trois tables de chaque côté de la porte d'entrée, recouvertes d'une nappe, chaises autour des tables, au-dessus de la porte d'entrée une bande de toile avec ces mots : *Salon pour deux sous couverts.*

SCÈNE PREMIÈRE.

LUSTUCRU, seul.

Il entre vivement par le fond, comme un homme poursuivi, portant sous son bras une corbeille d'osier, recouverte d'un tablier.

Personne ne m'a vu! Le crime est accompli! Et, c'est singulier, je n'éprouve pas le moindre remords. *(Il soulève un des coins du tablier et regarde dans la corbeille.)* Il dort

---

[1] Lustucru et son fils doivent porter le costume de patronnets ; béret de calicot blanc, veste blanche, tablier, et couteau à découper, dans sa gaine, passé dans la ceinture du tablier. Pantalon de couleur, à volonté, et escarpins.

toujours, c'est parfait. Mais, maintenant, qu'est-ce que je vais en faire de cet animal-là? Où le cacher? Où le mettre pour le soustraire à tous les yeux, et surtout aux yeux de la mère Michel? Eh! parbleu! dans la cave. (S'arrêtant.) Oui, mais il est certain que cette affreuse bête, quand elle se réveillera, va se mettre à miauler — suivant l'habitude de ses pareilles — et on l'entendra par le soupirail — la voix monte. Non, décidément, je vais fourrer M. Moumouth dans l'armoire au linge. (Effrayé et cachant la corbeille derrière son dos.) Hein! qui vient là? (Se rassurant.) Ah! c'est Théodule, mon fils unique, et d'autant plus unique que je n'en ai pas d'autre.

SCÈNE II.

THÉODULE, LUSTUCRU.

THÉODULE.

Ah! c'est vous, p'pa. Je vous cherchais. C'est le père Lestiboudois, de Suresnes, qui vous apporte une pièce de saint-émilion première.

LUSTUCRU.

Ah! bon, je sais. C'est de sa récolte de l'année dernière.

THÉODULE.

Tiens, qu'est-ce que vous faites donc là, avec cette corbeille?

LUSTUCRU, regardant autour de lui.

Chut! (Avec solennité.) Théodule, je viens de faire un coup d'État.

THÉODULE.

Ah ! bah ! Et vous l'avez mis dans une corbeille ?

LUSTUCRU, de même.

Théodule, ô mon fils, ô mon bien suprême, puisque tu es appelé à me succéder un jour, je ne veux rien avoir de caché pour toi. Je vais te laisser lire dans le cœur d'un père... et d'un restaurateur que l'ambition dévore. Tu vas connaître mes projets et mes espérances.

THÉODULE.

Je vous écoute, papa.

LUSTUCRU, après avoir déposé la corbeille sur une chaise.

Quand je suis venu m'établir ici, à Bondy, j'étais le seul restaurateur de l'endroit, et tous les Parisiens qui venaient dîner à la campagne me donnaient la préférence. Un jour... jour funeste, un confrère est venu s'établir en face, et me faire une concurrence que je ne qualifierai pas. Mon enseigne porte : *A la renommée de la matelotte :* il mit audacieusement sur la sienne : *A la renommée de la gibelotte.*

THÉODULE, avec fierté.

Mais il me semble que notre vieille renommée, celle de la matelote, n'a rien à envier à la renommée de la gibelotte.

LUSTUCRU.

Si, Théodule, hélas, si! Je lui envie, moi, ses deux marronniers, car la gibelotte, cette parvenue, possède un bout de jardin, avec deux marronniers. Et il y a quatre tables sous ces deux marronniers. Or, retiens bien ceci, mon fils : quand le Parisien vient à Bondy pour dîner en plein air, s'il ne voit pas une araignée descendre, au bout de son fil, dans son assiette, il ne se croit pas à la campagne, et il n'est pas content.

THÉODULE.

Mais nous avons, nous, ce beau salon, pour deux cents couverts, où on peut tenir quarante en se serrant un peu.

LUSTUCRU.

Ce beau salon n'est pas en plein air. Ce qu'il fallait découvrir, c'était un équivalent aux deux marronniers.

THÉODULE.

Qu'avez-vous fait, alors?

LUSTUCRU.

J'ai été trouver notre voisine, la mère Michel.

THÉODULE.

C'est vrai. Elle a un petit jardinet...

LUSTUCRU, continuant.

Dans lequel s'épanouissent quatre acacias-boule. Fais attention à ceci, Théodule, quatre acacias sous lesquels on peut mettre huit tables en plein air. Et il suffirait d'ouvrir une porte de communication, là. (Il indique la gauche.)

THÉODULE.

Eh bien! Qu'a répondu la mère Michel?

LUSTUCRU.

Elle m'a répondu — avec dignité — que son jardin n'était ni à vendre ni à louer.

THÉODULE.

Une ancienne portière! ça fait pitié!

LUSTUCRU.

Parce qu'elle a eu la chance d'hériter de trois mille livres de rentes...

THÉODULE.

Et une portière de la rue des Fossés-Saint-Bernard, encore !

LUSTUCRU.

Une maison avec une porte bâtarde ! Pas même une porte cochère ! Aussi, je ne me suis pas tenu pour battu, et, pas plus tard qu'hier, je suis retourné chez elle et j'ai brûlé mes vaisseaux.

THÉODULE, riant.

Ça valait mieux que de brûler vos sauces, papa.

LUSTUCRU.

Je lui ai dit que tu étais très épris de Mlle Euphrosine, sa nièce, qui demeure avec elle.

THÉODULE, étonné.

Moi, papa ?

LUSTUCRU.

Toi, Théodule. Je lui ai dit que tu dépérissais à vue d'œil.

THÉODULE, protestant.

Mais non, papa, je ne dépéris pas du tout.

LUSTUCRU.

Tais-toi donc ! J'ai ajouté : Votre nièce a dix-huit ans, elle est bien élevée ; elle sait lire, écrire et calculer ; c'est la femme qu'il faut à mon fils. Voyez comme elle ferait bien dans un comptoir ?

THÉODULE, avec complaisance.

Oh ! pour ça, oui, elle ferait bien dans un comptoir.

LUSTUCRU.

Tu vois. J'ai encore ajouté : Voyez comme elle ferait
bien les additions !

THÉODULE, de même.

Oh ! pour ça, oui, elle ferait bien les additions !

LUSTUCRU.

Tu vois. Bref, j'ai demandé pour toi la main de
Mlle Euphrosine, en assurant la mère Michel que, pour
toute dot, nous nous contenterions du petit jardin
aux acacias, avec la porte de communication, bien
entendu.

THÉODULE.

Et alors ?

LUSTUCRU.

Elle a encore refusé !

THÉODULE.

Oh ! c'est trop fort !

LUSTUCRU.

Oui, elle a refusé d'assurer ainsi l'avenir de sa
nièce, et de faire votre fortune, mes pauvres enfants !
Et pourquoi ?

THÉODULE.

Oui, pourquoi ?

LUSTUCRU.

Eh bien ! je vais te le dire pourquoi. Parce qu'elle
n'aime, au monde, qu'un être privilégié qui appar-
tient à la race des quadrupèdes, et qui répond au nom
de Moumouth. M. Moumouth a pris l'habitude de se
prélasser, au soleil, sous les acacias, et les clients dé-
rangeraient M. Moumouth.

THÉODULE.

Oh! cela crie vengeance!

LUSTUCRU, mystérieusement et dramatiquement.

Eh bien! Théodule, nous sommes vengés!

THÉODULE, de même et vivement.

Que dites-vous?

LUSTUCRU, de même.

Je dis que, profitant de l'absence de la mère Michel,
je me suis glissé...

THÉODULE, de même.

Achevez?

LUSTUCRU, de même.

Le tyran à quatre pattes dormait dans sa corbeille...

THÉODULE.

O ciel!

LUSTUCRU.

Je m'en suis emparé...

THÉODULE, montrant la corbeille.

J'ai compris! Il est là?

LUSTUCRU, affirmativement.

Il est là!

(Vivement, l'un après l'autre, et se mettant dos à dos, comme des gens
qui craignent d'être surpris.)

Chut! chut!

THÉODULE, reprenant son ton ordinaire.

Et que comptez-vous en faire, maintenant?

LUSTUCRU.

Le cacher à tous les yeux jusqu'à ce que la mère
Michel, affolée, vienne me proposer une récompense...
honnête pour l'aider à le retrouver.

THÉODULE.

Alors...

LUSTUCRU.

Alors je lui jurerai de retrouver, coûte que coûte, sa vilaine bête, et je m'engagerai à la lui rendre... à une condition.

THÉODULE.

A la condition qu'elle m'accordera la main de sa nièce ?

LUSTUCRU.

Justement. Et je lui donnerai jusqu'à ce soir, onze heures, pour se décider.

THÉODULE, étonné.

Pourquoi onze heures ?

LUSTUCRU, tragiquement.

Parce que si elle refuse, c'est à cette heure-là que je ferai avaler à son Moumouth un petit bouillon dont elle me dira des nouvelles !! Nous n'aurons pas le jardinet, mais le tyran aura vécu. (Changeant de ton.) Va vite mettre l'animal dans l'armoire au linge.

THÉODULE, qui a pris la corbeille, et s'arrêtant.

Tiens ! c'est Mlle Euphrosine.

SCÈNE III.

LES PRÉCÉDENTS, EUPHROSINE.

EUPHROSINE, entrant.

Ah ! bonjour, monsieur Lustucru. Bonjour, monsieur Théodule.

THÉODULE, saluant.

Mademoiselle...

LUSTUCRU, bas à Théodule.

Cache donc la corbeille! (Théodule la met derrière son dos.)

EUPHROSINE, à Lustucru.

Je venais savoir si vous ne pourriez pas me donner des nouvelles de Moumouth. Depuis ce matin il a disparu, et ma tante le cherche partout.

LUSTUCRU, feignant de chercher.

Moumouth? Attendez donc... Ah! bon! j'y suis. Non, mademoiselle, non ; le favori de votre tante n'est pas venu miauler par ici.

EUPHROSINE.

Ah! c'est dommage! En entrant, j'ai vu cette corbeille ; et comme elle ressemble à celle de ma tante, j'avais espéré...

LUSTUCRU, embarrassé.

Ah! oui... cette corbeille... le fait est qu'elle ressemble... mais non, mademoiselle, non. (Cherchant ses mots.) C'est... une tarte... à la frangipane... n'est-ce pas, Théodule?

THÉODULE.

A la frangipane, oui, papa.

LUSTUCRU, de même.

Pour M. l'adjoint.

EUPHROSINE.

Mais il est mort la semaine dernière.

LUSTUCRU, de même.

Précisément. Non... c'est-à-dire : pour son successeur.

EUPHROSINE.

Ah ! il est déjà nommé?

LUSTUCRU.

Il est déjà nommé... et il donne un grand dîner
pour fêter sa nomination.

EUPHROSINE.

Je comprends.

LUSTUCRU, à part.

Elle a de la chance ! (Haut à Théodule.) Va vite porter la
tarte chez M. l'adjoint... par là... par la petite porte.
(Bas.) V'lan ! dans l'armoire au linge !

(Théodule sort par la droite en emportant la corbeille.)

SCÈNE IV.

LUSTUCRU, EUPHROSINE.

EUPHROSINE.

Allons ! Je retourne à la maison, et bien contrariée,
monsieur Lustucru. Si vous saviez dans quel état est
ma pauvre tante ! J'aurais été si heureuse de lui ap-
porter une bonne nouvelle !

LUSTUCRU.

Se mettre dans des états pareils... et pour un animal domestique ! Est-ce là du bon sens, je vous le
demande ? Je parie que cette vieille folle...

EUPHROSINE, d'un ton de reproche.

Oh ! monsieur Lustucru?

LUSTUCRU, s'excusant.

Pardon, c'est juste. (Même ton.) Je parie que cette

vieille folle ne se mettrait pas dans ces états-là, s'il s'agissait de vous?

EUPHROSINE.

Oh! elle m'aime bien aussi, mais ce n'est pas la même chose.

LUSTUCRU.

C'est ce que je disais : ce n'est pas la même chose.

EUPHROSINE, fausse sortie.

Je vous demande pardon de vous avoir dérangé ; mais, en qualité de voisine, je me suis permis de venir chez vous...

LUSTUCRU.

Et vous avez bien fait. On perd quelque chose, n'est-ce pas, et on se dit : c'est peut-être tombé chez le voisin? Et alors on va voir chez le voisin, c'est tout naturel.

LA VOIX DE LA MÈRE MICHEL, appelant au dehors.

Moumouth? viens, Moumouth? Viens, mon cher Moumouth?

EUPHROSINE, s'arrêtant.

Écoutez !

LUSTUCRU, chantant.

« C'est la mèr' Michel qui a perdu son chat,

EUPHROSINE, de même.

« Qui cri' par la fenêtr' qu'est-c' qui lui rendra.

LUSTUCRU, de même.

 « Le pèr' Lustucru

 « Lui a répondu :

(S'approchant de la porte au fond.)

« Allez, la mèr' Michel, vot' chat n'est pas perdu.

THÉODULE qui vient d'entrer par la droite, allant au fond et criant.

« Il est sur la gouttièr' qni fait la chasse aux rats,
« Allez, la mèr' Michel, vot' chat vous reviendra! »

LUSTUCRU ET THÉODULE, riant.

Ah! ah! ah! ah!

(Ils redescendent.)

SCÈNE V.

EUPHROSINE, LUSTUCRU, THÉODULE,
puis LA MÈRE MICHEL[1].

EUPHROSINE.

Voulez-vous bien ne pas rire! Si ma tante vous entendait... (Regardant.) Eh! justement, c'est elle... la voici.

LA MÈRE MICHEL, entrant vivement et avec volubilité.

Il n'est pas perdu, dites-vous? Vous l'avez entendu? vous l'avez vu? Où est-il, ce cher trésor?

LUSTUCRU.

Hélas! non, mère Michel, nous ne l'avons ni vu ni entendu. Votre nièce vient de nous apprendre la perte douloureuse que vous avez faite, et nous ne pouvons que compatir.

THÉODULE.

Croyez bien que nous compatissons, mère Michel. Oh! oui ; n'est-ce pas, mademoiselle Euphrosine, que nous compatissons?

[1] Type de vieille portière. Ce rôle doit être joué par un homme.

LA MÈRE MICHEL.

Mais où peut-il être? Lui qui a des habitudes si régulières, qui est si sédentaire et si rangé? Oh! il est si beau qu'on me l'aura volé.

LUSTUCRU.

Mère Michel, je vous dirai, en confidence, que je suis de votre avis. Moi aussi, je crois qu'on vous l'a volé. Non pas parce qu'il est beau, votre angora, mais parce qu'il est bien nourri, gros et gras.

LA MÈRE MICHEL.

Je ne vous comprends pas, père Lustucru?

LUSTUCRU, à demi-voix.

Écoutez, mère Michel, il m'est venu un soupçon.

LA MÈRE MICHEL.

Un soupçon?

EUPHROSINE.

Un soupçon, parlez?

LUSTUCRU, de même.

Eh bien!... je me défie de notre voisin, le gargotier d'en face. Quelle est son enseigne?

LA MÈRE MICHEL.

A la renommée de la gibelotte.

THÉODULE.

Voilà! Et avec quoi fait-on des gibelottes, mère Michel?

LA MÈRE MICHEL.

Mais avec des lapins, il me semble.

LUSTUCRU.

Eh! eh! pas toujours, pas toujours.

THÉODULE.

On en fait quelquefois avec des chats.

LA MÈRE MICHEL.

O ciel! que dites-vous?

LUSTUCRU.

On a commandé un repas de corps, au voisin, pour dimanche, un repas de soixante couverts. Théodule le sait.

THÉODULE.

Oui, papa, c'est toute une loge maçonnique.

LUSTUCRU.

Or, suivez bien mon raisonnement ; combien faut-il de lapins pour une gibelotte de soixante couverts?

THÉODULE.

Au moins vingt.

LUSTUCRU.

Vous l'entendez? au moins vingt. Qui nous dit, alors, que le voisin a pu se procurer autant de lapins dans le pays? Qui nous dit, s'il ne les a pas trouvés, qu'il n'a pas remplacé les lapins par quelques matous gros et gras?

LA MÈRE MICHEL, vivement.

Grand Dieu! vous supposeriez...

EUPHROSINE, de même.

Vous pourriez croire...

LUSTUCRU.

Dame...à défaut de grives, on se contente de merles. Et je sais, par expérience, qu'avec une bonne sauce...

LA MÈRE MICHEL, levant les bras au ciel.

Mais ce serait un crime!

LUSTUCRU.

Un crime pour vous, pas pour lui. Tenez, ce matin, comme je prenais l'air à ma fenêtre, j'ai cru voir le chef du voisin — car il a un chef, l'intrigant ! — qui regardait du côté de votre maison et qui faisait des signes...

LA MÈRE MICHEL.

Des signes ? à qui ? à qui ?

LUSTUCRU.

Ah ! je ne sais pas. C'est une supposition que je fais ; peut-être bien à votre angora. Il l'aura attiré par quelques caresses et quelques chatteries — c'est le cas de le dire — Moumouth est un animal doux, confiant et sensible, qui l'aura suivi sans défiance... le chef s'en sera emparé...

LA MÈRE MICHEL, avec éclat.

Pour dimanche ?

LUSTUCRU, affirmativement.

Pour dimanche.

LA MÈRE MICHEL.

Horreur !

LUSTUCRU.

Mon Dieu, ne vous alarmez pas, mère Michel. Je vous le répète, c'est une supposition que je fais.

LA MÈRE MICHEL.

Mais c'est un vol, un rapt, un abus de confiance ! Oh ! je cours me plaindre à l'autorité !

LUSTUCRU.

L'autorité, l'autorité... elle vous demandera si vous avez des preuves ?

LA MÈRE MICHEL.

Des preuves!... mais...

LUSTUCRU, l'interrompant.

Elle vous demandera si vous avez pris le voisin sur le fait?

LA MÈRE MICHEL.

Non, mais puisque vous avez vu, ce matin...

LUSTUCRU.

Ça ne suffit pas. Il faut prendre le coupable sur le fait, et maintenant il est trop tard! Croyez-moi, mère Michel, il vaudrait mieux opposer la ruse à la ruse, et agir avec diplomatie. La diplomatie, c'est mon fort.

THÉODULE.

Ça, c'est vrai. La diplomatie, c'est le fort de papa.

LA MÈRE MICHEL.

Mais comment? Que comptez-vous faire?

LUSTUCRU.

A deux pas d'ici, moi aussi j'ai un jardin. Dans ce jardin il y a un clapier, et dans ce clapier de fort beaux lapins. J'en choisis un — n'est-ce pas? — je me rends chez le voisin, et adroitement, je propose un échange. Je le prends par les sentiments, je lui promets le secret, et il me rend Moumouth.

EUPHROSINE.

Excellente idée!

LA MÈRE MICHEL, s'essuyant les yeux.

Ah! je suis tout attendrie! Ah! père Lustucru, si vous faites cela, croyez que ma reconnaissance...

LUSTUCRU.

Allons donc! Histoire de vous obliger, voilà tout.

LA MÈRE MICHEL.

Allez vite !

LUSTUCRU.

J'y cours. (S'arrêtant.) Ah ! mais, non ! Impossible !

LA MÈRE MICHEL, inquiète.

Impossible ?

LUSTUCRU.

Nous ne sommes pas très bien ensemble. Nous sommes même en délicatesse avec le voisin.

LA MÈRE MICHEL.

Eh bien?

LUSTUCRU .

A quel titre me présenter chez lui? Il me dira : « Est-ce que ce sont vos affaires? Mêlez-vous de ce qui vous regarde. » Et il ne voudra entendre à rien.

THÉODULE.

C'est vrai.

EUPHROSINE.

C'est vrai.

LUSTUCRU, avec intention.

Ah! si nous étions seulement un peu parents, mère Michel? Si j'étais tout bonnement votre frère, votre neveu, votre cousin ou même votre allié... ma démarche pourrait se justifier... je ne me présenterais pas comme un étranger et je pourrais parler avec autorité.

LA MÈRE MICHEL.

Que faire alors? Que faire?

EUPHROSINE.

Cherchons autre chose.

LUSTUCRU.

Oh! vous ne trouverez pas mieux, allez!

LA MÈRE MICHEL, qui cherchait.

Ah! Écoutez! Père Lustucru, vous m'avez demandé, hier, la main de ma nièce pour votre fils. Eh bien! si vous me rendez Moumouth, je vous la donne.

THÉODULE.

Vrai! Vous consentiriez...

EUPHROSINE.

Vous consentiriez, ma tante?

LA MÈRE MICHEL.

Foi de mère Michel!

LUSTUCRU, à part, avec joie.

Allons donc! Ce n'est pas sans peine! (Haut.) Mère Michel, après un pareil sacrifice de votre part, je suis prêt à tout. Dans cinq minutes vous embrasserez Moumouth, ou j'aurai vécu! (Il sort vivement par la droite.)

SCÈNE VI.

THÉODULE, EUPHROSINE, LA MÈRE MICHEL.

LA MÈRE MICHEL, agitée et arpentant la scène.

Eh! quoi! Cet indigne gargotier d'en face aurait osé porter la main sur mon angora? Dans quel temps vivons-nous!

THÉODULE, la suivant.

Du calme, mère Michel, du calme.

LA MÈRE MICHEL, de même.

Mais à quoi sert d'avoir un gouvernement, je vous le demande? A quoi sert de payer des impôts qui vont toujours en augmentant, pour voir des atrocités pareilles !

EUPHROSINE, de même.

Pas de nerfs, ma tante, vous allez vous rendre malade.

LA MÈRE MICHEL.

Et Lustucru qui ne revient pas!... Oh ! Dieu ! s'il était arrivé trop tard... si le crime était déjà consommé ! Ah ! je crois que je vais me trouver mal !

THÉODULE, la soutenant.

Eh ! là... calmez-vous, remettez-vous? Songez au zèle, au dévouement de mon père? Il réussira, mère Michel, il réussira.

LA VOIX DE LUSTUCRU, au dehors.

Victoire !

THÉODULE.

Et tenez ! Il a réussi.

SCÈNE VII.

LES PRÉCÉDENTS, LUSTUCRU, portant la corbeille.

LUSTUCRU.

Victoire ! mère Michel, voici votre angora, sain et sauf! (Il lui remet la corbeille.)

LA MÈRE MICHEL.

Oh! quel bonheur! Ce cher trésor! Il y a si longtemps que je l'ai embrassé ! (Elle soulève le tablier et embrasse son chat.) Dans mes bras, père Lustucru, dans mes bras ! (Embrassade comique.) Et comme je n'ai qu'une parole, la main de ma nièce est à vous. (Montrant Théodule.) Ou plutôt : à lui.

THÉODULE.

Merci, ma tante.

LUSTUCRU.

Et nous ferons la noce dans le petit jardinet aux acacias.

(Musique. — Rideau.)

DEUXIÈME PARTIE

L'ADROITE PRINCESSE

PERSONNAGES

LE SIRE DE CASTELMOISI.
LE PRINCE DE RICHE-CAUTÈLE.
NONCHALANTE
BABILLARDE   filles de Castelmoisi.
FINETTE

La scène se passe au moyen âge.

Un salon élégant, dans le genre gothique. Porte principale au
fond, petite porte à droite, une porte-fenêtre à gauche, ouvrant
censément sur une terrasse que l'on ne voit pas, ameublement
de l'époque.

SCÈNE PREMIÈRE.

CASTELMOISI, BABILLARDE, FINETTE.

CASTELMOISI, paraissant le premier.

Venez, mes filles, par ici, entrez, et écoutez-moi
bien.

BABILLARDE, avec volubilité.

Oui, petit père; oui, cher petit père, nous vous
écoutons; mais nous vous écoutons bien essoufflées,
car vous nous avez fait monter si longtemps, et si
haut... Laissez-nous respirer un moment, et, quand
vous aurez parlé, vous nous trouverez toujours prêtes

à vous obéir, comme doivent le faire des filles sou-
mises et bien élevées.

CASTELMOISI.

Ouf! Je ne sais pas si tu es aussi essoufflée que tu
veux bien le dire, ma chère Babillarde, mais, en tout
cas, il n'y paraît guère. A propos, où donc est Nonchalante? Je ne vois pas Nonchalante?

FINETTE.

Elle est restée en route, en disant que vous mon-
tiez trop vite et qu'elle n'en pouvait plus!

CASTELMOISI.

Je la reconnais bien là.

BABILLARDE.

Toujours la même, Nonchalante, toujours la dernière, toujours en retard, jamais prête; et il faut
passer sa vie à l'attendre! S'agit-il d'une partie de
plaisir, on est sûre...

CASTELMOISI, l'interrompant.

Babillarde, mon enfant, si tu voulais bien me prêter
un peu d'attention en fermant la bouche, tu m'obli-
gerais infiniment. Quant à Nonchalante, je n'ai pas
le temps de l'attendre, et vous lui répéterez mes
instructions.

FINETTE.

Oui, mon père; je m'en charge.

CASTELMOISI.

Or donc, mes chères filles, je vais partir pour la
Palestine, et ne sais quand en reviendrai.

FINETTE et BABILLARDE, ensemble.

O mon père!

CASTELMOISI.

Rassurez-vous ; mon intention bien arrêtée est d'en revenir, et le plus tôt possible, car ce n'est pas pour mon plaisir que je vais prendre Jérusalem.

BABILLARDE.

Alors, pourquoi partez-vous?

CASTELMOISI.

Parce que j'y suis forcé. Le puissant roi, mon voisin, s'est croisé, et comme je suis son vassal, il faut, sous peine de félonie, que je me croise avec lui. Je dois joindre mes 36 lances à ses 218 lances, car c'est un haut et puissant seigneur qui a 184 lances de plus que moi.

FINETTE, le reprenant.

182. Qui de 218 ôte 36, reste 182.

CASTELMOISI.

182, tu crois? C'est possible. Je continue... (Voyant entrer Nonchalante qui se traîne péniblement.) Ah ! voilà enfin Nonchalante. Eh ! arrive donc, toi !

SCÈNE II.

LES PRÉCÉDENTS, NONCHALANTE.

NONCHALANTE.

Vous alliez si vite, si vite, que je n'ai pas eu la force de vous suivre. Quelle ascension ! Ah ! je ne me soutiens plus ! (Elle se laisse tomber sur un fauteuil.)

CASTELMOISI.

C'est ça, repose-toi; que tu m'écoutes debout ou

assise, cela m'est parfaitement égal, pourvu que tu m'écoutes. Je continue : Or çà, mes chères filles, en mon absence, je serais dévoré d'inquiétude si je ne prenais toutes les précautions possibles pour assurer votre sécurité. J'ai donc décidé, dans ma sollicitude, de vous enfermer en haut de cette tour.

FINETTE.

Nous enfermer ? Toutes seules ?

CASTELMOISI, affirmativement.

Toutes seules.

BABILLARDE, protestant.

Mais vous n'y songez pas, petit père. Ce n'est pas possible, car nous n'aurions plus personne à qui parler, et ce serait à mourir d'ennui !

NONCHALANTE.

Il faudrait alors nous servir nous-mêmes. C'est inadmissible.

FINETTE.

Et qui nous donnera à boire et à manger ?

CASTELMOISI.

Attendez un moment, donc, et vous verrez que j'ai songé à tout. Je n'ai pas l'intention, évidemment, de vous laisser mourir de faim, et c'est de votre nourriture que je me suis occupé tout d'abord. (Montrant la porte-fenêtre de gauche.) Cette porte-fenêtre ouvre sur la terrasse de la tour. Sur cette terrasse, j'ai fait élever une poulie, sur cette poulie glisse une corde, et au bout de cette corde est attaché un corbillon.

BABILLARDE.

Et dans ce corbillon, qu'y mettra-t-on ?

CASTELMOISI.

Des jambons, des saucissons, des pigeons, des bon-
bons, et toutes sortes de provisions. Quand vous dési-
rerez quelque chose, vous ferez descendre le corbillon, et mon maître d'hôtel y déposera tout ce que
vous demanderez. Vous voyez donc que vous ne man-
querez de rien.

NONCHALANTE.

Nous ne manquerons de rien à la condition de nous
servir nous-mêmes, et quant à moi, je n'en aurai
jamais la force.

FINETTE.

Mais pourquoi tant de précautions, mon père? il
me semble...

CASTELMOISI, l'interrompant.

Il te semble mal, parce que je ne vous ai pas tout
dit. Quand j'aurai tout dit, il ne te semblera plus.
Sachez donc que le prince de Riche-Cautèle m'a défié.

FINETTE.

Le prince de Riche-Cautèle ?

CASTELMOISI.

Ce petit hobereau qui habite le castel de la Roche-
Moussue — à côté du moulin à vent. — Il est venu,
ces jours derniers, me demander la main de l'une de
vous trois.

ENSEMBLE, vivement.

De laquelle, papa ?

CASTELMOISI.

De laquelle ? Précisément, c'est ce que j'ai eu
l'honneur de lui demander à mon tour. Et savez-vous
ce qu'il a eu l'audace de me répondre ?

ENSEMBLE.

Parlez, papa, parlez ?

CASTELMOISI.

Il m'a répondu qu'il ne pouvait se prononcer et choisir entre vous, avant de vous connaître.

FINETTE.

Il me semble que c'est assez naturel.

CASTELMOISI, indigné.

Naturel !

FINETTE, continuant.

Il me semble que le mariage est une chose assez sérieuse pour qu'on ne se marie pas les yeux fermés.

CASTELMOISI.

Oui dà ! Eh bien, ce qui me paraît naturel, à moi, c'est qu'un père, quand il est affligé... (se reprenant) favorisé de trois filles, doit toujours s'arranger pour marier l'aînée avant les deux autres. Tous les pères de famille seront de mon avis.

FINETTE.

Alors si le prince de Riche-Cautèle vous avait demandé la main de Nonchalante, sans la connaître...

CASTELMOISI.

Je lui aurais dit : « Topez là ! » et c'était une affaire conclue.

FINETTE.

Mais je ne vois pas, dans tout cela, en quoi ce jeune seigneur vous a défié ?

CASTELMOISI.

Vous allez en juger, car voici les propres paroles qu'il m'a adressées en me quittant : « Vous y mettez de l'entêtement, noble sire, mais moi aussi je suis entêté; et je parie qu'en votre absence je trouverai le moyen de connaître vos filles malgré vous! »

FINETTE.

C'est une menace, en effet, qui...

CASTELMOISI, continuant.

Qui vous explique le luxe de précautions dont j'ai cru devoir vous entourer. Donc, porte close! Méfiez-vous des toques de velours et des pourpoints de satin, et ne laissez personne pénétrer ici en mon absence.

BABILLARDE.

Soyez tranquille, papa, pour mon compte je puis vous jurer...

CASTELMOISI, l'interrompant.

Assez! Ça suffit. L'heure s'avance et je vais vous faire mes adieux. *Joyeuse*, ma jument isabelle, hennit sous le balcon, et le moment est venu de l'enfourcher. Or, je ne l'enfourche jamais sans une certaine appréhension, ma jument *Joyeuse*, car elle est joliment sur l'œil.

BABILLARDE, sans comprendre.

Sur l'œil, papa?

CASTELMOISI.

C'est une expression hippique qui veut dire : ombrageuse. *Joyeuse* est ombrageuse. Tiens, ça rime... mais ça ne me rassure pas. Allons, souhaitez-moi bon voyage, et embrassez-moi !

ENSEMBLE, l'embrassant.

Bon voyage, petit père, et au revoir.

CASTELMOISI, après les avoir embrassées, en sortant.

Surtout soyez bien sages ! (Il disparaît.)

SCÈNE III.

FINETTE, BABILLARDE, NONCHALANTE.

FINETTE, qui a écouté au fond, redescendant.

Il est parti.

BABILLARDE.

Et nous voilà seules, décidément, bien seules. Personne à qui parler !

NONCHALANTE.

Personne pour nous servir !

BABILLARDE.

Dis donc, Finette, est-ce que c'est loin la Palestine ?

FINETTE.

Oh ! très loin, très loin.

BABILLARDE.

Alors papa n'est pas près de revenir ?

FINETTE.

Y songes-tu ? Nous pourrons nous estimer heureuses si nous le revoyons d'ici à deux ou trois ans.

BABILLARDE.

Tant que ça ! Oh ! que c'est long ! Et qu'allons-nous devenir pendant tout ce temps-là ? Voyons, aujourd'hui d'abord, qu'est-ce que nous pourrions bien faire ?

FINETTE.

On trouve toujours à s'occuper, quand on le veut. N'avons-nous pas nos fuseaux, nos broderies ?

NONCHALANTE.

Filer? Quelle distraction ! J'aime mieux essayer de dormir.

BABILLARDE.

Moi, je vais relire le roman de *la Rose*.

FINETTE.

Et moi, je vais broder.

UNE VOIX NASILLARDE ET CHEVROTANTE se faisant entendre au dehors, censément au pied de la tour.

Air : DU COMTE ORY

Nobles damoiselles,
Sensibles et belles (*bis*),
Faites charité ?
Je suis vieille et lasse,
Donnez-moi par grâce (*bis*)
L'hospitalité.

BABILLARDE et NONCHALANTE, qui ont écouté.

Qu'est-ce que cela ?

FINETTE qui, pendant le chant, a été prendre sa broderie, s'est assise et brode.

C'est quelque vieille mendiante qui implore votre charité. Jetez-lui quelque monnaie, et elle s'en ira.

BABILLARDE.

Allons vite la voir et lui parler. Viens-tu, Noncha-lante ?

NONCHALANTE, à demi couchée dans un fauteuil, se levant péniblement.

Me voici.

(Elles sortent par la gauche.)

SCÈNE IV.

FINETTE seule, assise et brodant.

Mon père, le noble sire, en est resté aux us et coutumes du bon vieux temps. Il croirait ternir le blason de ses aïeux, s'il ne mariait pas l'aînée de ses filles avant les deux autres. Le droit d'aînesse, avant tout, et toujours. Mais ce que je ne m'explique pas, c'est la forfanterie de ce jeune prince qui, en l'absence de notre père, s'est vanté d'arriver à nous connaître, mes sœurs et moi? Je suis curieuse de savoir comment il s'y prendra maintenant pour pénétrer jusqu'ici.

SCÈNE V.

FINETTE, NONCHALANTE, BABILLARDE
et le PRINCE DE RICHE-CAUTÈLE enveloppé dans une mante
de vieille femme, et dont le capuchon est rabattu sur les yeux.

BABILLARDE, à Riche-Cautèle.

Par ici, ma bonne vieille, par ici. Nous avions justement besoin d'une femme de ménage.

FINETTE, se levant.

Qu'y a-t-il? (A Babillarde et Nonchalante.) O ciel! Qu'avez-vous fait? Malgré la défense de votre père...

NONCHALANTE.

Nous avons hissé la bonne femme dans le corbillon.

BABILLARDE, faisant le geste.

Oh ! hisse ! Et la voilà.

RICHE-CAUTÈLE, l'imitant.

Oh! hisse ! (Rejetant sa mante, son capuchon, et paraissant en costume de cavalier.) Et le voilà !

BABILLARDE ET NONCHALANTE s'enfuyant par le fond, en jetant un cri de frayeur.

Ah! ah!

SCÈNE VI.

RICHE-CAUTÈLE, FINETTE.

RICHE-CAUTÈLE, riant.

Ah ! ah ! ah ! (Étonné, en voyant Finette immobile.) Eh ! quoi? vous restez, noble damoiselle? vous ne vous enfuyez pas aussi? Je ne vous fais donc pas peur ?

FINETTE.

Pourquoi me feriez-vous peur, prince? Une femme qui se respecte elle-même est toujours sûre de se faire respecter par les autres.

RICHE-CAUTÈLE.

Prince? Vous me connaissez donc ?

FINETTE.

Non, mais je devine qui vous êtes.

RICHE-CAUTÈLE.

Alors, je me présente. (Saluant.) Le prince de Riche-Cautèle, vingt-six ans; douze villages, quatre cent cinquante manants, vingt-deux fermes et trente prairies arrosées par plusieurs rivières. Comme résidence, un château fort, dit de La Roche moussue...

FINETTE, continuant.

Situé près du moulin à vent.

RICHE-CAUTÈLE.

C'est cela même. Or, sur les instances de ma noble mère qui briguait l'alliance de son haut et puissant voisin, le Sire de Castelmoisi, j'ai été aux informations. Quand on brigue une alliance, il est d'usage de prendre des informations. On m'a répondu : Le Sire de Castelmoisi a trois filles, toutes trois jolies. L'aînée se nomme Nonchalante et elle est paresseuse comme une couleuvre ; la puînée s'appelle Babillarde et elle est bavarde comme une pie ; et la troisième, Finette, a la réputation d'une princesse accomplie.

FINETTE, avec ironie.

On est bien honnête.

RICHE-CAUTÈLE.

Fort de ces précieux renseignements, je me suis fait annoncer chez monsieur votre père et lui ai demandé la faveur d'être présenté aux princesses, ses filles, afin de vérifier par moi-même la justesse des informations que j'avais recueillies...

FINETTE, continuant.

Et comme il se refusait à cette présentation, vous lui avez dit : « Moi aussi je suis entêté, et, en votre absence, je parie que je trouverai le moyen de connaître vos filles, malgré vous. »

RICHE-CAUTÈLE.

Eh bien ! n'ai-je pas tenu parole ?

FINETTE.

Oui, votre ruse a réussi.

RICHE-CAUTÈLE.

Pas complètement.

FINETTE.

Comment cela?

RICHE-CAUTÈLE.

Je me suis démasqué trop tôt, et les princesses ont fui si vite, que j'ai eu à peine le temps de les voir et de les entendre.

FINETTE.

Alors, que comptez-vous faire?

RICHE-CAUTÈLE.

M'installer ici jusqu'à ce que, l'une et l'autre, elles daignent, ainsi que vous, m'accorder un moment d'entretien.

FINETTE, vivement.

C'est impossible.

RICHE-CAUTÈLE.

Impossible, pourquoi?

FINETTE.

Mais... parce que... désolées de leur imprudence, elles n'oseront plus se montrer tant qu'elles vous sauront là. Elles resteront toujours enfermées dans leur appartement.

RICHE-CAUTÈLE.

Toujours, vous croyez?

FINETTE.

J'en suis sûre. Et vous ne les verrez et ne les entendrez jamais.

RICHE-CAUTÈLE.

Vous pouvez avoir raison. Que faire alors?

FINETTE.

Écoutez, je puis, moi, satisfaire votre désir ; mais à une condition, une seule ?

RICHE-CAUTÈLE.

Laquelle ?

FINETTE.

Vous allez me donner votre parole, votre parole de gentilhomme, que, dès que vous aurez vu et entendu Babillarde et Nonchalante, vous partirez d'ici pour n'y jamais revenir.

RICHE-CAUTÈLE.

Et, si je vous engage ma parole, comment vous y prendrez-vous ?

FINETTE.

C'est bien simple. Vous entrerez là, dans la pièce voisine, et vous laisserez la porte entr'ouverte. Aussitôt que vous serez caché, j'appellerai mes sœurs qui ne se méfient pas de moi, je leur dirai que vous êtes parti, et vous pourrez alors les voir et les entendre tout à votre aise.

RICHE-CAUTÈLE.

Oui, c'est une idée, et j'aurai ainsi gagné ma gageure.

FINETTE.

Votre parole, d'abord, engagez votre parole de gentilhomme ?

RICHE-CAUTÈLE, étendant la main.

Je vous la donne.

FINETTE.

Bien.

RICHE-CAUTÈLE.

Appelez les princesses ?

FINETTE, *ouvrant la porte de droite.*

Entrez là d'abord, il ne faut pas qu'elles vous voient.

RICHE-CAUTÈLE.

C'est juste. *(Entrant.)* M'y voici.

FINETTE.

Très bien. *(Elle ferme la porte à double tour et en retire la clef.)*

RICHE-CAUTÈLE, *dans l'intérieur, frappant contre la porte et criant.*

Eh ! mais... que faites-vous donc ? Vous m'enfermez !

FINETTE, *criant.*

Parfaitement. Vous avez agi de ruse, moi aussi. À bon chat, bon rat, et vous voilà mon prisonnier.

RICHE-CAUTÈLE, *même jeu.*

Princesse, je me repens, je ne le ferai plus ! Ouvrez-moi ?

FINETTE, *même jeu.*

Jamais !

RICHE-CAUTÈLE, *même jeu.*

Comment, jamais ! Combien de temps allez-vous donc me laisser enfermé ?

FINETTE, *même jeu.*

Jusqu'au retour de mon père.

RICHE-CAUTÈLE.

Oh ! Dieu ! Et s'il ne revient que dans dix ans ?

FINETTE.

Vous resterez là dix ans.

RICHE-CAUTÈLE.

Miséricorde ! Mais je mourrai de faim.

FINETTE.

Non. Je ferai monter deux ouvriers qui pratiqueront dans la porte un judas par lequel on vous passera votre nourriture.

RICHE-CAUTÈLE.

Mais j'aurai l'air d'une bête en cage?

FINETTE.

A qui la faute? Silence, on vient.

SCÈNE VII.

FINETTE, RICHE-CAUTÈLE enfermé à droite.
BABILLARDE et NONCHALANTE soutenant CASTELMOISI.

CASTELMOISI, marchant péniblement et geignant.

Oïe, oïe, oïe! oh! la, la... aïe!... doucement, doucement.

(On le fait asseoir sur un fauteuil.)

FINETTE.

Mon Dieu, qu'y a-t-il? Que s'est-il passé?

CASTELMOISI, à Finette.

Joyeuse, mon enfant, ma jument Joyeuse. Comme j'avais raison de me méfier d'elle! Allons, je ne prendrai pas encore Jérusalem cette fois-ci.

FINETTE.

Mais vous disiez que Joyeuse...

CASTELMOISI, continuant.

Elle a pris peur et s'est emballée, m'entraînant dans une course folle, vertigineuse... puis, tout à coup elle a piqué des deux pieds de devant et s'est arrêtée net.

FINETTE, vivement.

Et vous? qu'avez-vous fait alors?

CASTELMOISI.

Moi, j'ai continué. (Il fait le signe de culbuter par-dessus le cheval.) Oïe... oïe... oh! les reins! aïe!

RICHE-CAUTÈLE, enfermé, frappant et appelant.

Princesse? Princesse?

CASTELMOISI.

Hein? qui frappe ainsi? quelqu'un est donc enfermé là?

FINETTE.

Ne faites pas attention, c'est le prince Riche-Cautèle qui s'est introduit ici par ruse, sous un déguisement, et que j'ai mis sous clef en attendant votre retour.

BABILLARDE ET NONCHALANTE, étonnées.

Lui! enfermé!

RICHE-CAUTÈLE, même jeu.

Princesse? J'entends la voix de votre noble père et vous avez promis de me délivrer dès qu'il serait revenu?

FINETTE, criant.

Un peu de patience, donc?

RICHE-CAUTÈLE, criant à travers la porte.

Noble Sire de Castelmoisi, je vous demande la main de votre fille : la princesse Finette?

CASTELMOISI, se levant péniblement et s'approchant de la porte.

Prince de Riche-Cautèle, vous êtes encore plus entêté que moi! Je vous ai dit et je vous répète que je ne marierai Babillarde et Finette qu'après avoir marié leur aînée.

RICHE-CAUTÈLE, *même jeu.*

Qu'à cela ne tienne ; j'ai deux cousins germains : le prince Riquet à la Houppe et le marquis de Carabas, qui seront trop heureux d'épouser Mlles Nonchalante et Babillarde. Je vous demande leurs mains en leurs noms. Vous marierez ainsi vos trois filles le même jour ?

CASTELMOISI.

Tiens, tiens, c'est une idée. *(Criant.)* Bien vrai ? Votre parole ?

RICHE-CAUTÈLE, *criant.*

Je le jure ! Ouvrez-moi ?

CASTELMOISI, *à Finette.*

Allons, ouvre-lui. A tout péché, miséricorde !

(Finette ouvre, et Riche-Cautèle paraît.)

CASTELMOISI.

Touchez là, prince, car je suis sensible à votre proposition de marier mes filles le même jour. Ce sera une fameuse économie ! Retournons donc à mon palais, où vous me présenterez vos cousins : le prince Riquet et le marquis de Carabas, et soyez sûr que je leur ferai le meilleur accueil.

RICHE-CAUTÈLE.

Merci. Quant à moi, je me regarde comme le mieux partagé, puisque j'épouse l'adroite Princesse !

(Musique. — Rideau.)

TROISIÈME PARTIE

L'OURS ET LES DEUX COMPAGNONS

PERSONNAGES

GUILLOT, paysan.
COLAS, paysan.
ANDRÉ, jeune berger.
PERRETTE.

Le carrefour d'une forêt[1].

SCÈNE PREMIÈRE.

COLAS, seul, portant un vieux fusil en bandoulière.

Il arpente la scène pour se réchauffer en soufflant dans ses doigts.

Brrr... quel froid ! J'en ai l'onglée... et, depuis que cette maudite grêle m'a percé jusqu'aux os, je frissonne et je grelotte ! Ah ! si l'on me reprend encore à l'affût... Et Guillot qui m'avait promis de me rejoindre au point du jour... je parie qu'il dort encore. (Appelant au fond.) Guillot ? Ohé ! Guillot ? Rien. Ah ! ma foi, j'en ai assez, et j'ai bien envie de m'en aller. (S'arrêtant.) Oui, mais... notre ours ? C'est, ici, sa passée ordinaire et s'il se montrait... (Mettant en joue.) vlan ! je lui ferais son

[1] Un écriteau au fond du salon, avec ces mots : *Carrefour de la forêt.*

affaire... attendons encore. Mais voyez un peu si ce paresseux de Guillot viendra?

SCÈNE II.

COLAS, GUILLOT, portant son fusil sur une épaule et un sac de toile, contenant des provisions de bouche, sur l'autre épaule.

GUILLOT, entrant.

Qui m'appelle?

COLAS.

Ah! te voilà enfin! Il est bien temps!

GUILLOT.

Parbleu! qu'y a-t-il donc de si pressé?

COLAS.

Tu ne l'es guère, toi, et voilà une belle heure pour venir à l'affût.

GUILLOT.

Il est encore temps, que diable!

COLAS.

Tu en parles à ton aise; mais si, comme moi, tu avais reçu la grêle et la pluie...

GUILLOT.

Ce n'est rien, ce n'est rien, ça se séchera.

COLAS.

Eh bien! nous mettons-nous en chasse?

GUILLOT.

Oui, va, va! Pars devant; moi, je t'attendrai ici. (Il s'assied à terre et tire de son sac une bouteille de vin, un gobelet et des provisions. Colas, en les voyant, s'assied à côté de lui.) Eh bien! Tu restes là?

COLAS.

Tout à l'heure... rien ne presse, tu avais raison. (Il prend la bouteille et se verse à boire. Après avoir bu.) Ah! mordié! j'avais besoin de ça pour me remettre.

GUILLOT.

Eh bien! m'en veux-tu encore?

COLAS, tendant le gobelet.

Oui; donne-moi à boire.

GUILLOT.

Diable! Ta rancune est tenace! (Lui versant à boire.) Alors, noyons-la. (Colas boit.) Eh bien! ça va-t-il mieux?

COLAS.

C'est qu'il est bon, ce vin-là. Où l'as-tu acheté?

GUILLOT.

C'est l'aubergiste qui m'en a cédé un quartaut.

COLAS.

Tu as donc reçu de l'argent? Une avance?

GUILLOT.

De qui?

COLAS.

Eh! de ce marchand de fourrures qui doit nous compter cent écus de la peau de l'ours que nous tuerons tout à l'heure?

GUILLOT.

Non. L'aubergiste m'a fait crédit.

COLAS, se versant.

Je lui en achèterai un quartaut au même prix. (Apercevant censément l'ours, dans la coulisse, à gauche, et tremblant.) Oïe, oïe... oh! là, là!

GUILLOT, étonné.

Qu'as-tu donc?

COLAS, se levant et se mettant derrière Guillot.

Regarde.

GUILLOT, tremblant aussi.

Ah! diable!... Ah! oui... je je... vois... c'est lui... c'est l'ours. (Il se lève et se met derrière Colas.) Allons, Colas, du cœur! C'est... c'est no...tre fortune qui... qui s'avance.

COLAS, même jeu.

Prends... ton...ton fusil... et tire !

GUILLOT, tremblant.

Mon...on fusil n'est pas ch...argé. Le tien l'est, tire, toi. (Il se met derrière Colas.)

COLAS, se mettant derrière Guillot.

Je.. ne... ne peux pas. J'ai l'onglée.

GUILLOT, même jeu.

Vise toujours. Ferme, du cœur !

COLAS, même jeu.

Ma poudre est humide. Et toi, qui parles, tu ne fais rien. Dépêche-toi donc, je crois qu'il s'en va.

GUILLOT.

Il s'en va? laisse-moi faire. (Il met en joue). Je le tiens ! Non, il est trop loin... il n'est plus à portée, et je ne pourrai pas l'atteindre. Allons ! voilà un coup manqué !

COLAS, avec bravade.

Mordié ! je suis piqué au jeu, et je n'en aurai pas le démenti. Je vais courir après, et lui faire son affaire ! (Il sort du côté opposé à celui de l'ours.)

GUILLOT, le rappelant.

Mais ce n'est pas par là qu'il s'est en allé ; c'est par ici. (Il montre la gauche.)

COLAS.

Je sais, mais il va faire le tour pour rentrer dans sa tanière. Je vais l'attendre à sa tanière.

GUILLOT.

Va donc. Moi, je vais le guetter ici, en cas qu'il revienne.

COLAS.

S'il revient, appelle-moi, et amuse-le jusqu'à mon retour. Je veux avoir la gloire de le tuer.

GUILLOT.

Oui, oui. De même, si tu veux, je te l'enverrai. (Colas sort par la droite.)

SCÈNE III.

GUILLOT, seul. Il s'assied au pied d'un arbre avec ses provisions[1].

Oui, oui, cours, attrape, il va t'attendre. Quel poltron que ce Colas! Sans lui, je le tenais. (Il dit ce qui suit tout en mangeant et en buvant.) Brrr... il ne fait pas chaud... et je vais m'enrhumer. Bah! mangeons un morceau et buvons un coup, ça me réchauffera. Si, cependant, notre animal revenait pendant que... non, non, il doit être loin, maintenant. Ah! maudit ours! Et si je compte sur Colas pour le tuer, je crois qu'il vivra longtemps. (Après avoir bu, regardant au travers de la bouteille.) Plus rien! (Se détirant.) Ouf! je n'en puis plus! Je ne sais pas si c'est l'émotion ou la fatigue... mes yeux

---

[1] On peut simuler les arbres avec des plantes en caisses, ou en pots. Ces derniers exhaussés sur des petits meubles.

se ferment malgré moi. (S'endormant.) Cent écus... c'est
une somme ! Et... j'y tiens ! Aussi, vienne l'ennemi
quand il voudra, il me trouvera... prêt. (Il s'endort.)

SCÈNE IV.

GUILLOT, endormi. ANDRÉ et PERRETTE, entrant par le fond.
en continuant une conversation commencée.

ANDRÉ.

Mais ce mariage-là, ma chère Perrette, n'aurait pas
le sens commun !

PERRETTE.

A qui le dites-vous ?

ANDRÉ.

Ce Guillot a le double de votre âge ! C'est un paresseux, un vantard et un fainéant, et vous ne pouvez
pas être heureuse avec lui.

PERRETTE.

Je ne puis que vous répéter ce que ma belle-mère
m'a dit. Guillot est venu la voir et m'a demandée en
mariage, en l'assurant qu'il allait être riche.

ANDRÉ.

Riche ? Lui !

PERRETTE, continuant.

Oui ; qu'un marchand de fourrures devait lui donner
cent écus de la peau d'un ours magnifique qu'il allait
tuer aujourd'hui... ou demain.

ANDRÉ.

Lui ? Ah ! je l'en défie bien.

PERRETTE.

On dit pourtant, dans le pays, qu'il est très adroit.

ANDRÉ.

Comme braconnier, c'est possible. Il sait prendre des lièvres et des lapins au collet. Mais je voudrais le voir aux prises avec un animal aussi dangereux qu'un ours.

PERRETTE, apercevant Guillot.

Chut !

ANDRÉ.

Qu'y a-t-il ?

PERRETTE.

Regardez, c'est lui. Il dort.

ANDRÉ.

C'est, ma foi, vrai.

GUILLOT, rêvant.

Poltron de Colas !

ANDRÉ.

Et il rêve. Il guette sa proie, sans doute, puisqu'il a son fusil à ses côtés... mais si c'est ainsi qu'il la guette... Oh ! quelle idée ! (Il s'approche avec précaution de Guillot et prend son fusil.)

PERRETTE.

Que faites-vous ?

ANDRÉ, vivement et à demi-voix.

Silence ! Mam'zelle Perrette, écoutez-moi bien : si l'on vous interroge, vous ne m'avez pas rencontré, vous ne m'avez pas vu... en un mot, vous ne savez rien !

PERRETTE.

Mais...

ANDRÉ.

Au revoir, m'am'zelle Perrette. (Il sort vivement par la
gauche, en emportant le fusil.)

SCÈNE V.

PERRETTE, GUILLOT, endormi.

PERRETTE, appelant.

André ? (Revenant.) Oh ! il est déjà loin ! C'est égal,
j'aurais dû le retenir, car je devine, et c'est bien
imprudent ce qu'il veut faire là !

GUILLOT, se réveillant.

Brr.. (Se défirant.) Ouf ! quelle heure est-il ? Je crois
que j'ai fait un petit somme. (Il se met sur son séant.)

PERRETTE, à part.

Il se réveille.

GUILLOT, l'apercevant.

Tiens, m'am'zelle Perrette ! Serviteur, m'am'zelle
Perrette, et d'où venez-vous donc comme ça ? (Il se lève.)

PERRETTE.

Mais de la ferme. Et vous, m'sieu Guillot, que
faisiez-vous là ?

GUILLOT.

Je me reposais un peu. Voulez-vous en faire autant?

PERRETTE.

Oh ! non, non !

GUILLOT.

Vous êtes bien pressée. Un moment, donc? Vous
connaissez le dicton : « Quand un joli minois est la

première chose que l'on voit en se réveillant, c'est un présage de bonheur pour toute la journée. »

PERRETTE.

Vous êtes bien galant, m'sieu Guillot. Je voudrais vous répondre sur le même ton, mais je ne sais pas faire de compliments

GUILLOT.

Je ne vous en demande pas, et je me contente du présage. Je suis sûr de tuer mon ours, maintenant, c'est comme si je le tenais.

PERRETTE.

Vous chassez donc un ours?

GUILLOT.

Eh ! sans doute. Est-ce que votre belle-mère ne vous l'a pas dit ?

PERRETTE.

Oui, en effet, je crois qu'elle m'a parlé...

GUILLOT, l'interrompant.

Et ne vous a-t-elle pas dit aussi que vous me reveniez joliment, et que je vous avais demandée pour femme ?

PERRETTE, riant.

Ah ! ah ! ah ! moi, la femme d'un braconnier !

GUILLOT, grommelant.

Braconnier, braconnier ; mais il me semble...

PERRETTE.

Eh bien, d'un chasseur, si vous voulez. Le beau mari que j'aurais là !

GUILLOT.

Comment, comment ? Que me manque-t-il donc ?

PERRETTE, *regardant ses vêtements dégacuilles.*

Mais... tout, à ce qu'il me semble.

GUILLOT.

Ah ! vous dites ça à cause de... mais, c'est mon habit de chasse. Et comme j'y vais tous les jours...

PERRETTE, *continuant.*

J'aurai, tous les jours, l'agrément de vous voir aussi beau que ça !

GUILLOT.

Ah ! ah ! méchante, je crois que vous vous moquez de moi.

SCÈNE VI.

GUILLOT, PERRETTE, COLAS, *accourant effaré,*
puis ANDRÉ, *couvert d'une peau d'ours* [1].

COLAS, *courant.*

Au secours ! au secours ! Guillot, sauve-toi... sauvons-nous, l'ours me poursuit.

PERRETTE.

Ah ! mon Dieu ! (Elle se sauve par la droite.)

GUILLOT, *courant et se croisant avec Colas.*

Ah ! nous sommes perdus !

COLAS, *courant.*

Que devenir ? Où nous cacher ?

GUILLOT.

Moi, derrière cet arbre !

---

[1] On peut simuler la peau de l'ours par une descente de lit en fourrure.

André paraît au fond, couvert de la peau de l'ours, et marchant à quatre pattes. Il se dirige vers Colas.

COLAS, tout tremblant.

Il vient à moi .. il va me dévorer ! Ah ! je suis mort.

(Il se jette à terre, à plat ventre.)

GUILLOT, à COLAS.

Ne bouge pas. Retiens ton haleine, et fais le mort !

ANDRÉ, après avoir fait semblant de flairer Colas, s'approchant de son oreille :

Colas !

COLAS, tremblant de tous ses membres

Brrr... il sait mon nom ! Il m'a parlé !

ANDRÉ, à l'oreille de Colas.

« Souviens-toi qu'il ne faut jamais vendre la peau de l'ours qu'on ne l'ait mis par terre. »

COLAS, grelottant de peur.

Oui, monsieur l'ours, je m'en souviendrai. Grâce, monsieur l'ours, grâce !

ANDRÉ, qui s'est relevé, rejetant la peau de l'ours, et riant très fort.

Ah ! ah ! ah !

PERRETTE, reparaissant à droite

J'entends rire... alors, c'est qu'il n'y a plus de danger ?

ANDRÉ.

Il n'y a jamais eu de danger que dans l'imagination de ces deux poltrons.

GUILLOT, qui s'est approché.

André ?

COLAS, toujours à terre, et risquant un œil.

Hein ? André ? (Il se relève.)

ANDRÉ.

André lui-même, qui vient de tuer l'ours dont vous aviez si peur, et qui, pour sa récompense, espère bien épouser la gentille Perrette.

(Musique. — Rideau.)

MOTS DE LA CHARADE

Première partie : CHAT

Deuxième partie : SŒURS

Troisième partie, le tout : CHASSEURS